T0043677

A Gabby Schiavi

VIRGO

Una guía para la mejor vida astrológica

STELLA ANDROMEDA

ILUSTRACIONES DE EVI O. STUDIO

cincotintas

Introducción 7

I.
Conoce a Virgo

II.
Virgo en profundidad

III.

Quiero saber más

Introducción

En el pronaos del templo de Apolo en Delfos había una
inscripción con la frase «Conócete a ti mismo». Se trata
de una de las ciento cuarenta y siete máximas, o normas de
conducta, de Delfos y se le atribuyen al propio Apolo. Más
adelante, el filósofo Sócrates amplió la idea y afirmó que
«una vida sin examen no merece ser vivida».

Las personas buscamos el modo de conocernos a nosotras
mismas y de encontrar sentido a la vida e intentamos entender
los retos que plantea la existencia humana; con frecuencia,
recurrimos a la psicoterapia o a sistemas de creencias, como
las religiones organizadas, que nos ayudan a entender mejor
la relación que mantenemos con nosotros mismos y con los
demás y nos ofrecen herramientas concretas para conseguirlo.

Si hablamos de los sistemas que intentan dar sentido
a la naturaleza y a la experiencia humanas, la astrología
tiene mucho que ofrecernos mediante el uso simbólico
de las constelaciones celestes, las representaciones de los
signos zodiacales, los planetas y sus efectos energéticos. A
muchas personas les resulta útil acceder a esta información y
aprovechar su potencial a la hora de pensar en cómo gestionar
su vida de un modo más eficaz.

¿Qué es la astrología?

En términos sencillos, la astrología es el estudio y la interpretación de la influencia que los planetas pueden ejercer sobre nosotros y sobre el mundo en el que vivimos mediante el análisis de sus posiciones en un punto temporal concreto. La práctica de la astrología se basa en una combinación de conocimientos fácticos acerca de las características de esas posiciones y la interpretación psicológica de las mismas.

La astrología es más una herramienta para la vida que nos permite acceder a sabiduría antigua y consolidada que un sistema de creencias. Todos podemos aprender a usarla, aunque no tanto como herramienta para adivinar o ver el futuro, sino como una guía que nos ofrece un conocimiento más profundo y una manera más reflexiva de entender la vida. La dimensión temporal es clave en astrología y conocer las configuraciones planetarias y las relaciones entre ellas en puntos temporales concretos puede ayudarnos a decidir cuál es el momento óptimo para tomar algunas de las decisiones importantes en nuestra vida.

Saber cuándo es probable que ocurra un cambio significativo en nuestras vidas como consecuencia de configuraciones planetarias específicas, como el retorno de Saturno (p. 103) o la retrogradación de Mercurio (p. 104), o entender qué significa que Venus esté en nuestra séptima casa (pp. 85 y 98), además de conocer las características específicas de nuestro signo zodiacal, son algunas de las herramientas que podemos usar en nuestro beneficio. El conocimiento es poder y la astrología puede ser un complemento muy potente a la hora de enfrentarnos a los altibajos de la vida y a las relaciones que forjamos por el camino.

Los 12 signos zodiacales

Cada uno de los signos del Zodíaco tiene unas características que lo identifican y que comparten todas las personas que han nacido bajo él. El signo zodiacal es tu signo solar, que probablemente conoces, ya que acostumbra a ser el punto desde el que empezamos a explorar nuestros senderos astrológicos. Aunque las características del signo solar pueden aparecer de un modo muy marcado en la personalidad, solo ofrecen una imagen parcial de la persona.

La manera como nos mostramos ante los demás acostumbra a estar matizada por otros factores que merece la pena tener en cuenta. El signo ascendente también es muy importante, al igual que la ubicación de nuestra Luna. También podemos estudiar nuestro signo opuesto, para ver qué características necesita reforzar el signo solar para quedar más equilibrado.

Una vez te hayas familiarizado con tu signo solar en la primera parte del libro, puedes pasar al apartado Quiero saber más (pp. 74-105) para empezar a explorar las particularidades de tu carta astral y sumergirte más profundamente en la miríada de influencias astrológicas que pueden estar influyéndote.

Los signos solares

La tierra necesita 365 días (y cuarto, para ser exactos) para completar la órbita alrededor del Sol y, durante el trayecto, nos da la impresión de que cada mes el Sol recorre uno de los signos del Zodíaco. Por lo tanto, tu signo solar refleja el signo que el Sol estaba atravesando cuando naciste. Conocer tu signo solar, así como el de tus familiares, amigos y parejas, no es más que el primero de los conocimientos acerca del carácter y de la personalidad a los que puedes acceder con la ayuda de la astrología.

En la cúspide

Si tu cumpleaños cae una fecha próxima al final de un signo solar y al comienzo de otra, vale la pena saber a qué hora naciste. Astrológicamente, no podemos estar «en la cúspide» de un signo, porque cada uno de ellos empieza a una hora específica de un día determinado, que, eso sí, puede variar ligeramente de un año a otro. Si no estás seguro y quieres saber con exactitud cuál es tu signo solar, necesitarás conocer la fecha, la hora y el lugar de tu nacimiento. Una vez los sepas, puedes consultar a un astrólogo o introducir la información en un programa de astrología en línea (p. 108), para que te confeccione la carta astral más precisa que sea posible.

Tauro
El toro
✳
21 ABRIL - 20 MAYO

Aries
El carnero
✳
21 MARZO - 20 ABRIL

Astrológicamente, es el primer signo del Zodíaco y aparece junto al equinoccio vernal (o de primavera). Es un signo de fuego cardinal simbolizado por el carnero y el signo de los comienzos. Está regido por el planeta Marte, lo que representa dinamismo para enfrentarse a los retos con energía y creatividad. Su signo opuesto es el aéreo Libra.

Tauro, con los pies en la tierra, sensual y aficionado a los placeres carnales, es un signo de tierra fijo al que su planeta regente, Venus, ha concedido la gracia y el amor por la belleza a pesar de que su símbolo sea un toro. Acostumbra a caracterizarse por una manera de entender la vida relajada y sin complicaciones, si bien terca a veces, y su signo opuesto es el acuático Escorpio.

Géminis

Los gemelos

✳

20 MAYO – 20 JUNIO

Géminis es un signo de aire mutable simbolizado por los gemelos. Siempre intenta considerar las dos caras de un argumento y su ágil intelecto está influido por Mercurio, su planeta regente. Tiende a eludir el compromiso y es el epítome de una actitud juvenil. Su signo opuesto es el ardiente Sagitario.

Cáncer

El cangrejo

✳

21 JUNIO – 21 JULIO

Representado por el cangrejo y la tenacidad de sus pinzas, Cáncer es un signo de agua cardinal, emocional e intuitivo que protege su sensibilidad con una coraza. La maternal Luna es su regente y la concha también representa la seguridad del hogar, con el que está muy comprometido. Su signo opuesto es el terrestre Capricornio.

Virgo
La virgen
✱

22 AGOSTO – 21 SEPTIEMBRE

Virgo, representado tradicionalmente por una doncella o una virgen, es un signo de tierra mutable, orientado al detalle y con tendencia a la autonomía. Mercurio es su regente y lo dota de un intelecto agudo que puede llevarlo a la autocrítica. Acostumbra a cuidar mucho de su salud y su signo opuesto es el acuático Piscis.

Leo
El león
✱

22 JULIO – 21 AGOSTO

Leo, un signo de fuego fijo, está regido por el Sol y adora brillar. Es un idealista nato, positivo y generoso hasta el extremo. Representado por el león, Leo puede rugir orgulloso y mostrarse seguro de sí mismo y muy resuelto, con una gran fe y confianza en la humanidad. Su signo opuesto es el aéreo Acuario.

Escorpio
El escorpión

✦

22 OCTUBRE – 21 NOVIEMBRE

Como buen signo de agua fijo, Escorpio es dado a las emociones intensas y su símbolo es el escorpión, que lo vincula así al renacimiento que sigue a la muerte. Sus regentes son Plutón y Marte y se caracteriza por una espiritualidad intensa y emociones profundas. Necesita seguridad para materializar su fuerza y su signo opuesto es el terrestre Tauro.

Libra
La balanza

✦

22 SEPTIEMBRE – 21 OCTUBRE

Libra, un signo aéreo cardinal regido por Venus, es el signo de la belleza, del equilibrio (de ahí la balanza) y de la armonía en un mundo que idealiza y al que dota de romanticismo. Con su gran sentido de la estética, Libra puede ser artístico y artesanal, pero también le gusta ser justo y puede ser muy diplomático. Su signo opuesto es el ardiente Aries.

Sagitario

El arquero

✴

22 NOVIEMBRE - 21 DICIEMBRE

Representado por el arquero, Sagitario es un signo de fuego mutable que nos remite a los viajes y a la aventura, ya sea física o mental, y es muy directo. Regido por el benévolo Júpiter, Sagitario es optimista y rebosa de ideas. Le gusta la libertad y tiende a generalizar. Su signo opuesto es el aéreo Géminis.

Capricornio

La cabra

✴

22 DICIEMBRE - 20 ENERO

Capricornio, cuyo regente es Saturno, es un signo de tierra cardinal asociado al esfuerzo y representado por la cabra, de pisada firme pero a veces también juguetona. Es fiel y no rehúye el compromiso, aunque puede ser muy independiente. Tiene la disciplina necesaria para una vida laboral como autónomo y su signo opuesto es el acuático Cáncer.

Acuario

El aguador

✶

21 ENERO – 19 FEBRERO

A pesar de que estar simbolizado por un aguador, Acuario es un signo de aire fijo regido por el impredecible Urano, que arrasa con las ideas viejas y las sustituye por un pensamiento innovador. Tolerante, de mente abierta y humano, se caracteriza por la visión social y la conciencia moral. Su signo opuesto es el ardiente Leo.

Piscis

Los peces

✶

20 FEBRERO – 20 MARZO

Piscis tiene una gran capacidad para adaptarse a su entorno y es un signo de agua mutable representado por dos peces que nadan en direcciones opuestas. A veces confunde la fantasía con la realidad y, regido por Neptuno, su mundo es un lugar fluido, imaginativo y empático, en el que se acostumbra a ser sensible a los estados de ánimo de los demás. Su signo opuesto es el terrestre Virgo.

Conoce a

I.

Virgo

El signo que el Sol estaba recorriendo en el momento en el que naciste es el punto de partida clave a la hora de usar el Zodíaco para explorar tu carácter y tu personalidad.

Signo de tierra mutable, simbolizado por una casta virgen.

Regido por Mercurio, el planeta del mensajero de los dioses, la comunicación y los viajes.

SIGNO OPUESTO

Piscis

LEMA PERSONAL

«Yo analizo.»

Color

Azul o naranja, o bien de la cabeza a los pies, o bien en detalles sutiles, como la clásica raya diplomática, tan característica del estilo de Virgo. Lleva ropa de estos colores y conecta con la energía de Virgo cuando necesites un empujoncito psicológico o un extra de valor y, si no tienes ropa de estos colores, opta por incluirlos en los accesorios (zapatos, guantes, calcetines, sombrero o incluso ropa interior).

Día

El miércoles. Marca la mitad de la semana laboral para
la mayoría de nosotros y remite al antiguo dios romano
Mercurio, influido por Géminis y del que deriva su nombre:
Mercuri dies, es decir, «día de Mercurio».

Piedra preciosa

La gema de Virgo es el zafiro azul, que evoca una mente serena y del que se dice que protege, sobre todo durante los viajes. El zafiro de Ceilán del anillo de compromiso de Lady Di, que ahora lleva Kate Middleton, es uno de los ejemplos más célebres de la piedra preciosa de Virgo y brilla con un azul intenso y aterciopelado.

Ubicaciones

Los países que encajan con Virgo son célebres por el azul de sus mares y la fertilidad de sus tierras, como las Indias Occidentales o enclaves mediterráneos como Creta, Turquía o Grecia. Las ciudades que conectan con este signo solar son, entre otras, París, Maidstone, Boston, Jerusalén y Bríndisi.

Vacaciones

Virgo prefiere las vacaciones activas, por lo que esquiar en los Alpes franceses sería una buena opción, igual que hacer senderismo en el Parque Nacional de Yosemite o practicar yoga durante un retiro en Grecia. Todas estas actividades permitirán a Virgo conectar con su cuerpo al tiempo que relaja su ajetreada mente.

Flores

El pensamiento, también conocido como viola, del que se dice que cura los males de amor. Las variedades de color azul oscuro o violeta también resuenan con el color de Virgo.

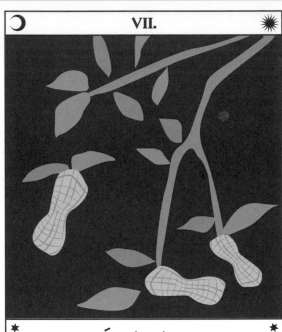

Árboles

El castaño, el nogal y otros árboles que producen frutos de cáscara, como el poderoso roble y su bellota, están alineados con Virgo. Esta especie representa la capacidad de invertir grandes cantidades de energía, que permiten a estos árboles crecer desde las profundas raíces, de un modo parecido a los logros que alcanza este signo de tierra mutable, pero terrenal.

Mascotas

Un perro, probablemente de raza pequeña y pelo corto, atraerá a Virgo que, como está orientado a la rutina, estará encantado de adiestrarlo o sacarlo a pasear. Podemos estar seguros de que Virgo no solo lo cuidará magníficamente, sino que también lo adiestrará muy bien.

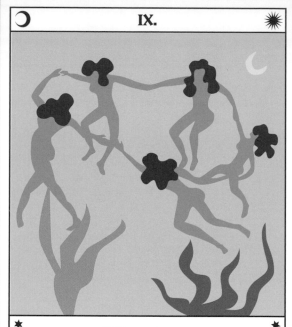

IX.

Fiestas

¡A Virgo le encanta organizar fiestas! Es muy probable que sean perfectas, tanto en lo relativo al estilo como a los invitados, el menú y la decoración, porque se puede confiar en que Virgo haga las cosas bien y presta una gran atención a los detalles. Solo entonces podrá (quizás) ir a buscar una bebida. Algo como un cóctel de cerezas y tomillo o una cerveza artesana, directa de la bodega.

Las características de Virgo

Virgo, al que tradicionalmente representa una virgen, resulta algo paradójico, porque también está asociado a la Madre Tierra, fértil y creativa. Podríamos decir que, aunque Virgo tiene que ver con la abundancia, se trata de una abundancia con frecuencia contenida. Esa reserva forma parte de su *modus operandi*, porque al guardar siempre un as en la manga está preparado, como un buen *boy scout*. ¿Necesitas un trozo de cordel o un par de calcetines limpios? Virgo no te defraudará.

Por otro lado, es muy meticuloso, analítico y orientado al detalle; elabora una lista tras otra, perfecciona sus hojas de cálculo y se asegura de que todo suceda cuando está previsto. Es un empleado maravilloso, porque no se despista nunca, aunque a veces eso puede ser contraproducente, porque queda encasillado como «sirviente», cuando lo cierto es que también se le da muy bien dirigir.

Aunque en ocasiones se le acusa de aburrido, Virgo es muy capaz de divertirse (¡una vez terminadas todas las tareas!) y, como signo de tierra, funciona muy bien a nivel físico y sensual. Se siente muy cómodo con su cuerpo, tiene buena coordinación y es ágil, incluso en plena actividad mental, gracias a la influencia de Mercurio, su planeta, que rige la comunicación inteligente.

Es práctico, pero refinado; concienzudo, pero afectuoso; y con una combinación única de opuestos que a veces chocan y le causan estrés, porque nunca quiere defraudar a nadie. A primera vista, parece que nos volvemos a encontrar con una paradoja, porque su escritorio (y bolso) puede parecer desordenado. Sin embargo, esto tiene que ver con su creatividad innata, que su faceta práctica puede hacer realidad para que resulte útil. Virgo suele saber dónde está todo, porque, entre otras cosas, lleva un registro mental en su bien amueblada cabeza.

Puede ser extraordinariamente objetivo, y cuando critica, en raras ocasiones lo hace como un ataque personal, sino con intención de ayudar. Además, también es muy autocrítico y se deja aún menos margen de maniobra que el que concede a los demás. No es espontáneo por naturaleza, tiende a ser retraído y, a veces, se esfuerza demasiado en hacer las cosas bien en lugar de en hacerlas. Tanta meticulosidad se puede acabar convirtiendo en una obsesión para asegurarse de que todo sea perfecto, pero, por suerte, la mayoría de Virgos son lo suficientemente realistas para protegerse de lo peor de sus propias intenciones.

TEMPLAR LA TIERRA

Las características clave de
cualquier signo Solar se pueden
ver equilibradas (y en ocasiones
reforzadas) por las características
de otros signos en la misma
carta astral, sobre todo los que
corresponden al ascendente y a la
Luna. Eso explica que pueda haber
personas que aparentemente no
acaban de encajar en su signo
solar. Sin embargo, los rasgos Virgo
básicos siempre estarán ahí como
una influencia clave e informando
el modo de entender la vida
de la persona.

La parte física de Virgo

Ordenado y con buena coordinación, es poco probable que pillemos a Virgo con el cuello de la camisa sucio o con una chaqueta a la que le falte un botón: es el signo con más probabilidades de vestir adecuadamente para cada ocasión, ya se trate de la discoteca o de una entrevista de trabajo. Sabe cómo presentarse en cada circunstancia, porque es consciente de que la primera impresión es importante y le parece que lo más sensato es asegurarse de causar una buena impresión. La atención al detalle llega al lenguaje corporal, lo que resulta esencial para un signo de tierra regido por el planeta de la comunicación. Virgo conoce el valor de una mirada directa, de un apretón de manos firme y de una sonrisa franca, que, en su caso, además son genuinos.

Salud

Virgo rige el sistema nervioso y los intestinos y, dado que ambos están conectados, es aquí donde puede mostrar respuestas físicas al estrés. Lo que para una persona puede ser propensión a la hinchazón abdominal, para otra puede ser síndrome del intestino irritable, pero como Virgo se interesa por el cuerpo y por la salud, acostumbra a saber cómo asumir la responsabilidad que le corresponde y cuidar de sí mismo. Por eso, a veces puede parecer quisquilloso con la comida, pero es solo porque sabe lo que no le sienta bien e intenta evitarlo.

Ejercicio físico

Al igual que casi todo lo que hace, el compromiso de Virgo con su cuerpo significa que acostumbra a hacer ejercicio con regularidad y de forma bastante disciplinada. Sabe que el ejercicio físico contribuye a aliviar el estrés psicológico que puede provocar problemas intestinales, por lo que con frecuencia opta por empezar el día con una sesión de estiramientos y una clase de aeróbic o yendo corriendo al trabajo.

Cómo se comunica Virgo

Al analítico (en ocasiones hasta el extremo) Virgo no hay nada que le guste más que una buena conversación sobre un tema con enjundia que pueda desmontar y volver a componer. Tiende a formular muchas preguntas, con lo que también consigue desviar la atención de sí mismo: con frecuencia, sus interlocutores se dan cuenta de que han mantenido una conversación muy larga durante la que han revelado mucho de sí mismos, pero que no han averiguado nada acerca de su amigo Virgo. Esta reserva, que no es evidente de forma inmediata para los demás, puede dejar a Virgo como una persona bastante privada y dispuesta a ayudar a los demás con sus problemas, pero que no revela mucho de lo que le sucede a él. Aunque Virgo no tiene problemas con los amigos que entienden esta manera de funcionar, cuando no es así tiende a sentir que no importa a los demás. Para darse cuenta de que no es así, debe aprender a abrirse un poco y recordar que la comunicación es un camino de ida y vuelta con las personas en las que confía.

La carrera profesional de Virgo

Las profesiones sanitarias encajan bien con Virgo, porque combinan el interés por el cuerpo y su funcionamiento y la compasión ligeramente desapegada que caracteriza a un buen médico o enfermero. Otras profesiones relacionadas con la salud, como la de farmacéutico, nutricionista, terapeuta natural o fisioterapeuta pueden ser también una manera muy satisfactoria de dar salida al compromiso de Virgo con la promoción de la salud. Ese interés puede llegar al análisis y la promoción de la salud mental, mediante la psicología o el psicoanálisis, porque Virgo siente fascinación por la mente y por lo que motiva a las personas.

Su mente analítica y su capacidad matemática hacen que la contabilidad, la estadística o el análisis de mercados también sean opciones satisfactorias para Virgo. Su excepcional capacidad para fijarse en los detalles, junto a la precisión con la que usa las palabras, puede ser ideal para la edición de textos, que requiere buena memoria y aplicar la inteligencia de forma reflexiva. En la escritura, estas habilidades, sumadas al arte de la crítica (ya sea literaria, cinematográfica o deportiva), pueden resultar atractivas para quienes tienen un talento natural para el análisis objetivo y reflexivo.

La compatibilidad de Virgo

Virgo es tan cuidadoso con sus relaciones como con todo lo demás. ¿Ese amigo que jamás se olvida de tu cumpleaños? Lo más probable es que sea Virgo. La postal llega con puntualidad y el regalo está bien elegido y envuelto con gusto. La consideración y el pragmatismo de Virgo lo rodean de un aura de seguridad y su deseo de encontrar orden en el caos significa que son muy pocas las ocasiones en que defrauda a los demás. El símbolo de la virgen oculta una sensualidad terrenal, pero como es reservado tiende a gestionar sus emociones con cuidado y es poco probable que derroche emoción. Virgo necesita estimulación intelectual además de emocional, pero la tendencia a dar demasiadas vueltas a las cosas puede impedir que diga lo que siente, por lo que en ocasiones se le considera frío, algo que le duele escuchar.

La mujer Virgo

El flirteo no es uno de los puntos fuertes de Virgo, por lo que la estrategia de seducción de esta mujer acostumbra a ser muy directa. Puede parecer muy intensa en la primera cita, pero como también es un signo mutable, es capaz de adaptarse bien a sus compañeros o amantes una vez los ha calibrado adecuadamente. Aunque resulta algo enigmática, su actitud fría oculta un corazón muy afectuoso.

MUJERES VIRGO DESTACADAS

La enigmática Greta Garbo, con su belleza distante y el deseo de estar sola; la Madre Teresa; las actrices Lauren Bacall, Jennifer Hudson y Selma Hayek; la cantante Gloria Estefan; y la reina Isabel I (la Reina Virgen original) comparten los rasgos Virgo de la inteligencia, la dedicación, el refinamiento y la sensación de que las emociones pueden ser intensas, pero se guardan en secreto. Bajo ese exterior frío hay una pasión profunda.

El hombre Virgo

A primera vista, sería fácil pensar que se trata del típico hombre fuerte y callado, pero lo que sucede es que está evaluando la situación. Una vez tenga a alguien en el punto de mira, será honesto y demostrará su amor de formas prácticas, por ejemplo montando una estantería. Sin embargo, no lleva el corazón en la mano, por lo que no siempre resulta fácil saber que tiene un alma sensible.

HOMBRES VIRGO DESTACADOS

Bruce Springsteen, Keanu Reeves, Idris Elba y Hugh Grant son el arquetipo del hombre Virgo de mirada directa. Y todos tienen intereses más allá del mundo artístico en el que se ganan la vida. El príncipe Enrique de Inglaterra y la estrella del baloncesto Kobe Bryant son Virgo, al igual que los políticos Bernie Sanders y John McCain.

¿Quién qui

e a quién?

Virgo y Aries

La tensión entre el prudente Virgo y el impulsivo Aries es inmediata y puede dar lugar a malestar emocional entre ambos, a pesar de la intensa conexión intelectual y la atracción que puedan sentir.

Virgo y Tauro

Esos dos signos de tierra pueden convivir en buena armonía, porque ambos son prácticos pero sensuales al mismo tiempo. Coinciden en que crear un futuro seguro juntos significa crear un hogar agradable donde puedan vivir felices para siempre.

Virgo y Géminis

Ambos abordan la vida desde una perspectiva intelectual, por lo que sienten una afinidad inmediata, pero la cualidad aérea de Géminis acostumbra a ser demasiado impredecible para Virgo, cuya naturaleza terrenal lo afianza con fuerza en el suelo. Si no le dedican mucho tiempo de reflexión, esta relación puede ser complicada.

Virgo
y Cáncer

Esta combinación es feliz y
afectuosa, porque ambos
reconocen la sensualidad oculta
del otro, y encajan bien gracias
a su necesidad de armonía
doméstica. La tendencia
protectora de Virgo complace al
afectuoso Cáncer, que también
ayuda a Virgo a sentirse seguro.

Virgo y Leo

La exuberancia de Leo
puede ser demasiado para la
naturaleza reservada de Virgo,
tanto en el dormitorio como
en la economía del hogar. La
oposición a la extravagancia
irrita a Leo, cuyo temperamento
no encajará con el de Virgo,
a no ser que tengan mucho
cuidado.

Virgo y Virgo

Con tanto en común, para Virgo
puede ser un alivio enamorarse de
Virgo y en el dormitorio se dedicarán
a conversar tanto como a otras cosas.
Encajan tan bien juntos que el único
inconveniente puede ser una ligera
competición por ocupar el primer
puesto.

Virgo y Escorpio

Ambos admiran la mente del otro, pero a la naturaleza tan lógica de Virgo le cuesta aceptar la faceta más imaginativa de Escorpio. De todos modos, valora profundamente su lealtad, lo que puede ayudar a superar posibles conflictos.

Virgo y Libra

A Libra le cuesta entender la naturaleza reservada de Virgo, que puede interpretar como rechazo aunque no sea así. Por su parte, a Virgo le parece que el amor de Libra por lo bueno de la vida es una frivolidad. Esta combinación necesita una gestión delicada.

Virgo y Sagitario

A Virgo le cuesta entender al temerario viajero que es Sagitario y que choca con su necesidad de echar raíces. Aunque se trata de dos intelectos muy alineados, la diferencia de temperamentos hace muy probable que haya choques intensos.

Virgo y Acuario

Aunque son parecidos en su actitud intelectual ante la vida, ambos son también bastante diferentes y, si se unen, esta característica se exacerba. Las ambiciones prácticas de Virgo no acaban de encajar con la implicación más cerebral de Acuario con la vida y esto puede causarles problemas.

Virgo y Piscis

Es muy posible que entre estos dos signos haya demasiados opuestos que superar, porque la precisión de Virgo tiende a chocar con la visión más amplia de Piscis, que abarca todas las posibilidades. Por su parte, la actitud soñadora de Piscis puede resultar irritante para el pragmatismo de Virgo.

Virgo y Capricornio

La armonía entre la diligencia de estos dos signos de tierra es inmediata. A ambos les gusta la actitud deliberada del otro ante la vida y comprenden intuitivamente la necesidad de reconocimiento y de logros mutua.

La escala del amor de Virgo

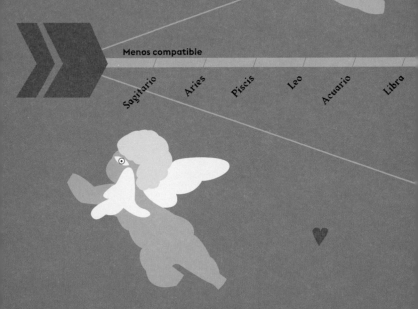

Menos compatible

Sagitario   Aries   Piscis   Leo   Acuario   Libra

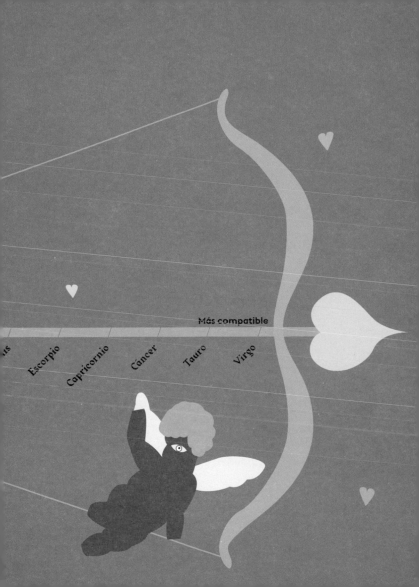

Más compatible

Escorpio   Capricornio   Cáncer   Tauro   Virgo

Virgo

II.

en profundidad

En esta sección,
profundizaremos en cómo
puede estar impulsándote o
reteniéndote tu signo solar y
empezaremos a pensar en cómo
puedes usar ese conocimiento
para informar tu camino.

El hogar de Virgo

El hogar de Virgo acostumbra a ser muy atractivo y acogedor, con muebles cómodos y una decoración sencilla, porque este signo disfruta y se complace creando un hogar en el que resulte fácil vivir y, con frecuencia, es capaz de montar estanterías, pintar paredes o confeccionar cortinas con gran eficiencia. De hecho, esta capacidad puede llegar al talento artístico, que le permite crear bella artesanía de madera o azulejos de cocina pintados a mano, pintar telas y cuadros o crear otro tipo de obras de arte. Para Virgo, la belleza de un objeto también tiene que ver con su utilidad y con la armonía con lo que lo rodea, por lo que, con frecuencia, en su hogar puede haber un estilo y una armonía muy modernos, con líneas limpias y bonitas combinaciones de materiales, texturas y colores.

La jardinería puede proporcionar un placer especial a Virgo, y el jardín puede ser una extensión de la vivienda, tan bien pensado y diseñado como cualquier otro espacio de la casa. Puede haber plantas y hierbas medicinales, aunque solo sea en macetas en las ventanas.

TRES CONSEJOS PARA CUIDARSE

* Reserva un retiro de fin de semana para aprender a meditar con atención plena.

* ¡Duerme más! Usa esa famosa disciplina Virgo para acostarte temprano.

* Mantente hidratado para ayudar a conservar el equilibrio corporal.

Cuidados personales

Aunque Virgo está muy comprometido con la salud, tiende a centrarse en los demás más que en sí mismo y, en ocasiones, se olvida de cuidarse. Sin embargo, debería darle prioridad a hacerlo, porque es un perfeccionista y tiende al sobresfuerzo. El exceso de trabajo sumado a la insistencia en hacerlo todo él mismo es una combinación desastrosa que acaba pasando factura a la salud de Virgo. Una de las maneras en que podría cuidar mejor de sí mismo es buscar un amigo con el que practicar actividades relajantes y ejercicio físico. Así conseguiría dos cosas a la vez: ayudarse a sí mismo al tiempo que ayuda al otro.

La gestión del estrés es otro elemento importante para Virgo, que puede aliviar sus efectos con una combinación de actividades mentales y físicas. Esta debería ser una de sus prioridades. Los adictos al trabajo también suelen pasar por alto la fatiga, cuyos signos pueden pasar desapercibidos y que Virgo, que tiende a la hipocondría, puede malinterpretar. Ha de recordar que la taquicardia puede ser una consecuencia directa del agotamiento físico causado por la falta de sueño y que no necesariamente es indicativo de una dolencia grave.

TRES IMPRESCINDIBLES EN LA DESPENSA DE VIRGO

* Conserva de tomate casera.

* Fideos de arroz.

* Salsa de soja tamari orgánica y sin gluten.

Virgo: la comida y la cocina

Virgo no sigue las modas, pero sí es un sibarita al que le gusta cocinar y preparar platos sencillos con ingredientes de la mejor calidad. Para él, la comida es el sustento del cuerpo, por lo que es cuidadoso con lo que come y acostumbra a elegir alimentos e ingredientes saludables y beneficiosos para el aparato digestivo. Cereales integrales, semillas, frutos secos, verduras frescas y de proximidad (con frecuencia cultivadas en casa), huevos de gallinas en libertad, carne orgánica y pescado de bancos sostenibles... esta es la lista de la compra de Virgo. Es incluso posible que opte por una dieta macrobiótica o vegana.

Virgo es cuidadoso con lo que cocina, disfruta preparándose meticulosamente para ello y se enorgullece de sus conocimientos y de su habilidad. Además de ser equilibrados, sus platos siempre tienen un aspecto perfecto. Virgo detesta derrochar, por lo que sus habilidades como cocinero acostumbran a incluir la creatividad con las sobras. ¿Ese delicioso *musaka*? Lo ha preparado con lo que sobró del asado de cordero del domingo. Nunca desperdicia nada.

TRES CONSEJOS SOBRE EL DINERO

★ Ten un pequeño rincón reservado exclusivamente para divertirte.

★ Es buena idea pedir consejo a asesores financieros. Ni siquiera Virgo lo sabe todo.

★ Invertir en ladrillo siempre resulta atractivo a los signos de tierra, pero valora otras opciones.

Cómo gestiona el dinero Virgo

Como Virgo tiende a ser trabajador y precavido, cualquier riesgo que asuma con el dinero habrá sido detenidamente estudiado y calculado. No hace inversiones impulsivas ni siente el menor interés por criptomonedas o planes piramidales, y solo se aventurará a especular financieramente después de haber pedido abundante consejo. Es probable que Virgo empiece a pensar en su plan de jubilación antes de haber cumplido los treinta años y la seguridad financiera será uno de los factores decisivos a la hora de elegir trabajo. Invierte con la mirada puesta a largo plazo, sin buscar beneficios rápidos, y, en consecuencia, acostumbra a entender bastante de finanzas. No es algo que le preocupe, porque siempre lee la letra pequeña. Apostar no le interesa en absoluto, porque no hay ninguna garantía de lograr beneficios: la probabilidad de ganar la lotería es tan irrisoria que Virgo considera que es tirar el dinero. Si decide jugar, solo lo hará con un número del sorteo del día de la madre que acabe con el día del cumpleaños de la suya. Y punto.

Virgo
y su jefe

La manera de trabajar de sus jefes frustra a muchos Virgo, que acostumbran a creer que ellos lo harían mejor. Incluso cuando es así, vale más que no se lo hagan saber, porque a pesar de la gran eficiencia de Virgo, es muy posible que el trabajo de su jefe consista en mucho más de lo que parece a primera vista. Por el contrario, Virgo debería aprender a sugerir con tacto maneras alternativas de hacer las cosas y a apoyarse en su meticulosa investigación para demostrar que tiene razón. Por suerte, este signo está regido por el planeta de la comunicación, lo que puede ayudar a Virgo a encontrar el modo de ser diplomático. Aun así, es imposible predecir cómo reaccionará el jefe, por lo que, en ocasiones, la mejor opción puede ser morderse la lengua.

De todos modos, la mayoría de jefes valoran tanto la competencia y la atención al detalle de Virgo que tienden a cargarlo cada vez con más trabajo, porque ven que se adapta con facilidad. Virgo se enorgullece de ser capaz de resolver todo lo que le presenten, de modo que, con frecuencia, va más allá de lo que requiere su cargo. Debe ser cuidadoso en este aspecto y asegurarse de recibir el reconocimiento y la remuneración adecuados por el trabajo que hace.

TRES CONSEJOS PARA TRATAR AL JEFE

* Cuando valores o critiques algo, hazlo siempre con la atención centrada en la solución.

* Presta atención a si lo que te exige el trabajo supera la descripción del cargo original.

* Valora la posibilidad de ser tu propio jefe: a Virgo le encanta tener el control.

TRES CONSEJOS PARA UNA VIDA MÁS FÁCIL

★ Una lista con las tareas que corresponden a cada uno facilitará la organización de todos.

★ Espera a que te pidan consejo antes de darlo.

★ Es posible que cargues el lavavajillas mejor que los demás, pero recuerda que eso no es lo más importante en la convivencia.

Vivir con Virgo

Virgo es célebre por lo pragmático y lo cuidadoso que es, por lo que, en teoría, debería ser un compañero de piso ideal. Repito: en teoría. En algunos casos, la faceta organizada de Virgo no siempre es evidente en su entorno doméstico. Es posible que su mente esté ordenada, que siempre se presente bien vestido, que la bañera esté impoluta y que en la nevera no haya ni un envase pasado de fecha, pero su dormitorio puede ser tan caótico como el del peor adolescente. Aunque el orden es importante en algunos aspectos, el sentimiento puede pesar más en otros y tirar las cosas no siempre es el fuerte de Virgo, que puede acabar acumulando muchos objetos.

Dónde y con quién vive es muy importante para Virgo, pero no siempre será expresivo en este aspecto. Su naturaleza reservada significa que no siempre dice lo importante que su compañero de piso o su pareja es para él, aunque siempre será el primero en demostrar su compromiso con hechos. También estará dispuesto a mantener conversaciones hasta altas horas de la noche, ya sea acerca de la política nacional o del último cotilleo televisivo, y analizará la conducta humana tanto en un caso como en el otro, y estará encantado de escuchar los problemas de su compañero hasta bien entrada la madrugada.

Virgo
y las
rupturas

Virgo no es un signo dependiente y puede dar la impresión de que se toma las rupturas con estoicismo. A pesar de ello, muchas veces se sorprende cuando tiene que vivir el fracaso de una relación, porque, al igual que con el resto de cosas en la vida, cree que debería haber sido capaz de arreglarlo. También tiende a racionalizar la situación y a ocultar sus emociones para protegerse, por lo que no siempre es evidente lo herido que está. Si ha sido el instigador de la ruptura, no lo habrá hecho sin un buen motivo, aunque en ocasiones sea más evidente para él que para su ex.

Bajo presión, el instinto de Virgo es controlar la situación (sea quien sea quien el que instiga la ruptura), lo que puede empeorar las cosas. Recuerda que lo mejor es dejar ir a quien se quiere marchar.

TRES CONSEJOS PARA UNA RUPTURA MÁS FÁCIL

* No analices en exceso: recuerda lo bueno y olvídate del resto.

* Aunque no te resulte fácil, habla con algún amigo.

* Recuerda que no siempre es posible mejorar las cosas «razonando».

Cómo quiere Virgo que le quieran

La contención que caracteriza a muchos Virgo puede dificultar que pidan el amor y el afecto que necesitan, pero Virgo es capaz de sentir un amor profundo y sólido y eso mismo es lo que espera recibir a cambio como mínimo. En consecuencia, y aunque es poco probable que lo demuestre, se puede sentir herido cuando su reserva o su actitud práctica ante el amor son malinterpretadas como un rechazo. Hasta que no se sienta amado de verdad, Virgo no se sentirá lo suficientemente seguro para abandonar su conducta defensiva, desinhibirse, mostrarse más apasionado y revelar su faceta vulnerable. De todos modos, no siempre le resulta fácil: muchos que han querido acercarse a Virgo han temido equivocarse o ser criticados por él, por lo que no han dado el primer paso. En realidad, Virgo detesta herir los sentimientos de los demás y no siempre se da cuenta de que lo hace, porque sencillamente está siendo de lo más lógico. Superar este primer obstáculo exige mucha paciencia a quien quiera ser su pareja.

Otro de los motivos por los que Virgo tarda tanto tiempo en devolver completamente el amor recibido es que tiene que sopesar todos los motivos, evidencias y datos que puedan indicar que esa persona es la ideal (y no quiere perder el tiempo con quien no lo sea). Por eso, puede tender a ser muy deliberado, si no quisquilloso, con una lista de requisitos que puede parecer superficial a los demás pero que, para Virgo, no es más que una tarea preliminar indispensable. Si llevas los calcetines equivocados es muy posible que te descarte, por mucho que le gustes.

Cuando la tendencia a pensarse las cosas llega al extremo, Virgo se puede convertir en su peor enemigo. Es entonces cuando su actitud hiperlógica puede interferir con la necesidad de renunciar a algún aspecto para conseguir lo que quiere. Y lo que quiere es alguien que sepa ver más allá de sus limitaciones autoimpuestas y que lo ame completa y apasionadamente. De todos modos, como también es un signo muy adaptable, la persona adecuada siempre podrá persuadirlo para que cambie.

TRES CONSEJOS PARA AMAR A VIRGO

* Sé paciente: esa distancia puede ocultar inseguridad, no desinterés.

* Para superar la reserva de Virgo, los hechos son tanto o más importantes que las palabras.

* Tómatelo con calma: el romanticismo es muy importante al principio.

La vida sexual
de Virgo

Tal y como cabe esperar de un signo que disfruta planificando eventos, los amantes de Virgo se pueden sentir muy cuidados por la gran atención que presta a los detalles. Es capaz de ser espontáneo y desinhibido, pero le gusta gestionar la escenificación. Y es que cuando lo que está en juego es el placer vale la pena esmerarse, ¿o no? Sin embargo, hay una gran diferencia entre esmerarse un poco y en dar instrucciones en la cama y, a veces, Virgo debe acordarse de ser diplomático y callar.

El instinto de dar el cien por cien a su pareja hace de Virgo un amante sensible, siempre que pueda resistirse a comprobar mentalmente que todo va bien y sea capaz de abandonarse. Virgo también ha de recordar que, cuando se trata de hacer el amor, recibir placer es tan importante como darlo y que el dormitorio es un sitio donde la perfección no importa en absoluto, porque la clave está en la confianza y en compartir y crear algo especial entre las dos personas que hay en la habitación. Cuanto más seguro se sienta Virgo de la relación, más fácil le resultará relajarse y será entonces cuando la magia del erotismo se podrá hacer realidad.

III.

Quiero

saber

más

Tu signo solar nunca te ofrece la imagen completa. En este apartado, aprenderás a leer los matices de tu carta astral y accederás a otro nivel de conocimientos astrológicos.

Tu carta astral

Tu carta astral es una instantánea de un momento concreto, en un lugar concreto, en el preciso momento de tu nacimiento y, por lo tanto, es absolutamente individual. Es como un plano, un mapa o un certificado de existencia que plantea rasgos e influencias que son posibles, pero que no están escritos en piedra. Es una herramienta simbólica a la que puedes recurrir y que se basa en las posiciones de los planetas en el momento de tu nacimiento. Si no tienes acceso a un astrólogo, ahora cualquiera puede obtener su carta astral en línea en cuestión de minutos (en la p. 108 encontrarás una lista de sitios y de aplicaciones para ello). Incluso si desconoces la hora exacta de tu nacimiento, saber la fecha y el lugar de nacimiento basta para confeccionar las bases de una plantilla útil.

Recuerda que en astrología nada es intrínsecamente bueno ni malo y que no hay tiempos ni predicciones explícitas: se trata más de una cuestión de influencias y de cómo estas pueden afectarnos, ya sea positiva o negativamente. Y si disponemos de cierta información y de herramientas con las que abordar, ver o interpretar nuestras circunstancias y nuestro entorno, tenemos algo con lo que empezar.

Vale la pena que, cuando leas tu carta astral, entiendas todas las herramientas que la astrología pone a tu alcance; no solo los signos astrológicos y lo que cada uno de ellos representa, sino también los 10 planetas que menciona la astrología y sus características individuales, además de las 12 casas y lo que significan. Por separado, estas herramientas ofrecen un interés pasajero, pero cuando empieces a ver cómo encajan las unas con las otras y se yuxtaponen, la imagen global te resultará más accesible y empezarás a desentrañar información que te puede resultar muy útil.

Hablando en términos generales, cada uno de los planetas sugiere un tipo distinto de energía, los signos zodiacales proponen distintas maneras en que esa energía se puede manifestar y las casas representan áreas de experiencia en las que puede operar dicha manifestación.

Lo siguiente que debemos añadir son las posiciones de los signos en cuatro puntos clave: el ascendente y su opuesto, el descendente; y el medio cielo y su opuesto, el fondo del cielo, por no mencionar los distintos aspectos que generan las congregaciones de signos y planetas.

Ahora será posible ver lo sutil que puede llegar a ser la lectura de una carta astral, lo infinita que es su variedad y lo altamente específica que es para cada persona. Con esta información y una comprensión básica del significado simbólico y de las influencias de los signos, los planetas y las casas de tu perfil astrológico único, puedes empezar a usar estas herramientas para que te ayuden a tomar decisiones en distintos aspectos de la vida.

Cómo leer tu carta astral

Si ya tienes tu carta astral, ya sea manuscrita o por un programa en línea, verás un círculo dividido en 12 segmentos, con información agrupada en varios puntos que indican la posición de cada signo zodiacal, en qué segmento aparecen y hasta qué punto. Independientemente de las características relevantes para cada uno, todas las cartas siguen el mismo patrón a la hora de ser interpretadas.

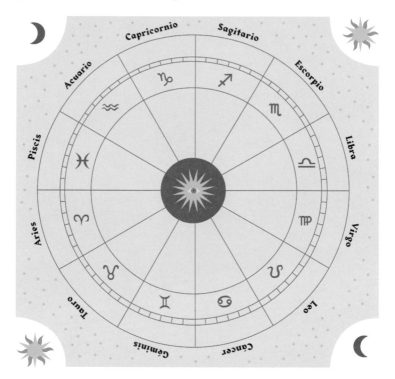

La carta astral se elabora a partir de la hora y el lugar de nacimiento y de la posición de los planetas en ese momento.

Si piensas en la carta astral como en una esfera de reloj, la primera casa (en las pp. 95-99 hablo de las casas astrológicas) empieza en el 9 y se sigue a partir de ahí en sentido antihorario, desde la primera casa hasta la duodécima, pasando por los 12 segmentos de la carta.

El punto inicial, el 9, es también el punto por el que el Sol sale en tu vida y te da el ascendente. Enfrente, en el 3 de la esfera del reloj, encontrarás el signo descendente. El medio cielo (MC) está en el 12 y su opuesto, el fondo del cielo (IC) está en el 6 (más información en las pp. 101-102).

Entender la importancia de las características de los signos zodiacales y de los planetas, de sus energías concretas, de sus ubicaciones y de sus relaciones entre ellos puede ayudarnos a entendernos mejor, tanto a nosotros mismos como a los demás. En nuestra vida cotidiana, la configuración cambiante de los planetas y de sus efectos también se entiende mucho mejor con un conocimiento básico de astrología y lo mismo sucede con las pautas recurrentes que unas veces refuerzan y otras entorpecen oportunidades y posibilidades. Si trabajamos con estas tendencias, en lugar de contra ellas, podemos hacer que nuestra vida sea más fácil y, en última instancia, más exitosa.

El efecto de la Luna

Si tu signo solar representa la conciencia, la fuerza vital y la voluntad individual, la Luna representa la faceta de tu personalidad que tiendes a mantener más oculta, o en secreto. Estamos en el territorio del instinto, de la creatividad y del inconsciente que, en ocasiones, nos llevan a lugares que nos cuesta entender. Esto es lo que otorga tanta sutileza y tantos matices a la personalidad, mucho más allá del signo solar. Es posible que tengas el Sol en Virgo y todo lo que eso significa, pero eso puede verse contrarrestado por una Luna intuitiva y mística en Piscis; o quizás tengas el Sol en el efusivo Leo, pero también la Luna en Acuario, con la rebeldía y el desapego emocional que eso supone.

Las fases de la Luna

La Luna orbita alrededor de la Tierra y tarda unos 28 días en dar una vuelta completa. Como vemos más o menos Luna en función de cuánta luz del Sol refleje, nos da la impresión de que crece y decrece. Cuando la Luna es nueva para nosotros, la vemos como un mero filamento. A medida que crece, refleja más luz y pasa de luna creciente a cuarto creciente y de ahí a luna gibosa creciente y a luna llena. Entonces, empieza a decrecer y pasa a gibosa menguante, luego a cuarto menguante, y vuelta a empezar. Todo esto sucede en el transcurso de cuatro semanas. Cuando tenemos dos Lunas llenas en un mes del calendario gregoriano, llamamos Luna azul a la segunda.

Cada mes, la Luna también recorre un signo astrológico, como sabemos por nuestras cartas astrales. Esto nos ofrece más información (una Luna en Escorpio puede ejercer un efecto muy distinto que una Luna en Capricornio) y, en función de nuestra carta astral, ejercerá una influencia distinta cada mes. Por ejemplo, si la Luna en tu carta astral está en Virgo, cuando la Luna astronómica entre en Virgo ejercerá una influencia adicional. Para más información, consulta las características de los signos (pp. 12-17).

El ciclo de la Luna tiene un efecto energético que podemos ver con claridad en las mareas oceánicas. Astrológicamente, como la Luna es un símbolo de fertilidad y, además, sintoniza con nuestra faceta psicológica más profunda, podemos usarla para centrarnos con mayor profundidad y creatividad en los aspectos de la vida que sean más importantes para nosotros.

Los eclipses

Hablando en términos generales, un eclipse ocurre cuando la luz de un cuerpo celeste queda tapada por otro. En términos astrológicos, esto dependerá de dónde estén el Sol y la Luna en relación con otros planetas en el momento del eclipse. Por lo tanto, si un eclipse solar está en la constelación de Géminis, ejercerá una influencia mayor sobre el Géminis zodiacal.

Que un área de nuestras vidas quede iluminada u oculta nos invita a que le prestemos atención. Los eclipses acostumbran a tener que ver con los principios y los finales y, por eso, nuestros antepasados los consideraban acontecimientos portentosos, señales importantes a las que había que hacer caso. Podemos saber con antelación cuándo ha de ocurrir un eclipse y están cartografiados astronómicamente; por lo tanto, podemos evaluar con antelación su significado astrológico y actuar en consecuencia.

Los 10 planetas

En términos astrológicos (no astronómicos, porque el Sol es en realidad una estrella), hablamos de 10 planetas y cada signo astrológico tiene un planeta regente. Mercurio, Venus y Marte rigen dos signos cada uno. Las características de cada planeta describen las influencias que pueden afectar a cada signo y toda esa información contribuye a la interpretación de la carta astral.

La Luna

Este signo es el principio opuesto del
Sol, con el que forma una díada, y
simboliza lo femenino, la contención
y la receptividad, la conducta más
instintiva y emotiva.

Rige el signo de Cáncer.

El Sol

El Sol representa lo masculino y
simboliza la energía que da vida, lo
que sugiere una energía paterna en
la carta astral. También simboliza
nuestra identidad, o ser esencial, y
nuestro propósito vital.

Rige el signo de Leo.

Mercurio

Mercurio es el planeta de la
comunicación y simboliza la necesidad
de dar sentido, entender y comunicar
nuestros pensamientos mediante
palabras.

Rige los signos de Géminis y Virgo.

Venus

El planeta del amor tiene que ver con
la atracción, la conexión y el placer,
y en la carta de una mujer simboliza
su estilo de feminidad, mientras que
en la de un hombre representa a su
pareja ideal.

Rige los signos de Tauro y Libra.

Marte

Este planeta simboliza la energía
pura (por algo Marte era el dios de la
guerra), pero también nos dice en qué
áreas podemos ser más asertivos o
agresivos y asumir riesgos.

Rige los signos de Aries y Escorpio.

Saturno

En ocasiones, Saturno recibe el nombre de maestro sabio. Simboliza las lecciones aprendidas y las limitaciones, y nos muestra el valor de la determinación, la tenacidad y la fortaleza emocional.

Rige el signo de Capricornio.

Júpiter

Júpiter es el planeta más grande de nuestro sistema solar y simboliza la abundancia y la benevolencia, todo lo que es expansivo y jovial. Al igual que el signo que rige, también tiene que ver con alejarse de casa en viajes y misiones de exploración.

Rige el signo de Sagitario.

Urano

Este planeta simboliza lo inesperado, ideas nuevas e innovación, además de la necesidad de romper con lo viejo y recibir lo nuevo. Como inconveniente, puede indicar una dificultad para encajar y la sensación derivada de aislamiento.

Rige el signo de Acuario.

Plutón

Alineado con Hades (*Pluto*, en latín),
el dios del inframundo o de la muerte,
este planeta ejerce una fuerza muy
potente que subyace a la superficie y
que, en su forma más negativa, puede
representar una conducta obsesiva y
compulsiva.

Rige el signo de Escorpio.

Neptuno

Asociado al mar, trata de lo que
hay bajo la superficie, bajo el
agua y a tanta profundidad que
no podemos verlo con claridad.
Sensible, intuitivo y artístico, también
simboliza la capacidad de amar
incondicionalmente, de perdonar
y olvidar.

Rige el signo de Piscis.

Los cuatro elementos

Si agrupamos los doce signos astrológicos según los cuatro elementos de tierra, fuego, aire y agua, accedemos a más información que, esta vez, nos remonta a la medicina de la antigua Grecia, cuando se creía que el cuerpo estaba compuesto por cuatro fluidos o «humores» corporales. Estos cuatro humores (sangre, bilis amarilla, bilis negra y flema) se correspondían con los cuatro temperamentos (sanguíneo, colérico, melancólico y flemático), las cuatro estaciones del año (primavera, verano, otoño e invierno) y los cuatro elementos (aire, fuego, tierra y agua).

Si las relacionamos con la astrología, estas cualidades simbólicas iluminan más las características de los distintos signos. Carl Jung también las usó en su psicología y aún decimos de las personas que son terrenales, ardientes, aéreas o escurridizas en su actitud ante la vida, mientas que a veces decimos que alguien «está en su elemento». En astrología, decimos que los signos solares que comparten un mismo elemento son afines, es decir, que se entienden bien.

Al igual que sucede con todos los aspectos de la astrología, siempre hay una cara y una cruz, y conocer la «cara oscura» nos puede ayudar a conocernos mejor y a determinar qué podemos hacer para mejorarla o equilibrarla, sobre todo en nuestras relaciones con los demás.

Aire

GÉMINIS ✳ LIBRA ✳ ACUARIO

Estos signos destacan en el terreno de las ideas. Son perceptivos, visionarios y capaces de ver la imagen general y cuentan con una cualidad muy reflexiva que los ayuda a destensar situaciones. Sin embargo, demasiado aire puede disipar las intenciones, por lo que Géminis puede ser indeciso, Libra tiende a sentarse a mirar desde la barrera y Acuario puede desentenderse de la situación.

Fuego

ARIES ✳ LEO ✳ SAGITARIO

Estos signos despiden calidez y energía y se caracterizan por una actitud positiva, una espontaneidad y un entusiasmo que pueden ser muy inspiradores y motivadores para los demás. La otra cara de la moneda es que Aries tiende a precipitarse, Leo puede necesitar ser el centro de atención y Sagitario puede tender a hablar mucho y actuar poco.

Tierra

TAURO ✳ VIRGO ✳ CAPRICORNIO

Estos signos se caracterizan
por disfrutar de los placeres
sensuales, como la comida y
otras satisfacciones físicas,
y les gusta tener los pies en
el suelo, por lo que prefieren
basar sus ideas en hechos. El
inconveniente es que Tauro
puede parecer testarudo, Virgo
puede ser un tiquismiquis y
Capricornio puede tender
a un conservadurismo
empedernido.

Agua

CÁNCER ✳ ESCORPIO ✳ PISCIS

Los signos de agua son muy
sensibles al entorno, como
el vaivén de la marea, y
pueden ser muy perceptivos
e intuitivos, a veces hasta
niveles asombrosos, gracias a
su sensibilidad. La otra cara
de la moneda es que tienden a
sentirse abrumados y Cáncer
puede tender tanto a la
tenacidad como a protegerse
a sí mismo, Piscis parecerse a
un camaleón en su manera de
prestar atención y Escorpio
ser impredecible e intenso.

Signos mutables, fijos y cardinales

Además de clasificarlos según los cuatro elementos, también podemos agrupar los signos en función de las tres maneras en las que sus energías pueden actuar o reaccionar. Así, las características específicas de cada signo adquieren más profundidad.

Cardinales

ARIES ✶ CÁNCER ✶ LIBRA ✶ CAPRICORNIO

Son signos de acción, con una energía que toma la iniciativa y hace que las cosas comiencen. Aries tiene la visión; Cáncer, la emoción; Libra, los contactos, y Capricornio, la estrategia.

Fijos

TAURO ✳ LEO ✳ ESCORPIO ✳ ACUARIO

Más lentos, pero también más tenaces, estos signos trabajan para desarrollar y mantener las iniciativas que han lanzado los signos cardinales. Tauro ofrece consuelo físico; Leo, lealtad; Escorpio, apoyo emocional, y Acuario, buenos consejos. Podemos confiar en los signos fijos, aunque tienden a resistirse al cambio.

Mutables

GÉMINIS ✳ VIRGO ✳ SAGITARIO ✳ PISCIS

Son signos capaces de amoldarse a ideas, lugares y personas nuevos, tienen una capacidad única para adaptarse a su entorno. Géminis tiene una gran agilidad mental; Virgo es práctico y versátil; Sagitario visualiza las posibilidades, y Piscis es sensible al cambio.

Las 12 casas

La carta astral se divide en 12 casas, que representan otras tantas áreas y funciones en la vida. Cuando nos dicen que tenemos algo en una casa específica, como por ejemplo Libra (equilibrio) en la quinta casa (creatividad y sexo), podemos interpretar de un modo determinado las influencias que pueden surgir y que son específicas a la forma en que podemos abordar ese aspecto de nuestra vida.

Cada casa se asocia a un signo solar y, por lo tanto, cada una representa algunas de las características de ese signo, del que decimos que es su regente natural.

Se considera que tres de estas casas son místicas y tienen que ver con nuestro mundo interior, o psíquico: la cuarta (hogar), la octava (muerte y regeneración) y la duodécima (secretos).

1.ª casa

LA IDENTIDAD

REGIDA POR ARIES

Esta casa simboliza la personalidad: tú, quién eres y cómo te representas, qué te gusta y qué no, y tu manera de entender la vida. También representa cómo te ves y lo que quieres de la vida.

2.ª casa

LOS RECURSOS

REGIDA POR TAURO

La segunda casa simboliza tus recursos personales, lo que posees, incluido el dinero, y cómo te ganas la vida y adquieres tus ingresos. También tu seguridad material y las cosas físicas que llevas contigo a medida que avanzas por la vida.

3.ª casa

LA COMUNICACIÓN

REGIDA POR GÉMINIS

Esta casa habla de la comunicación y de la actitud mental y, sobre todo, de cómo te expresas. También de cómo encajas en tu familia y de cómo te desplazas a la escuela o al trabajo e incluye cómo piensas, hablas, escribes y aprendes.

4.ª casa

EL HOGAR

REGIDA POR CÁNCER

Esta casa habla de tus
raíces, de tu hogar u hogares
presentes, pasados y futuros,
por lo que comprende tanto
tu infancia como tu situación
doméstica actual. También de
lo que el hogar y la seguridad
representan para ti.

5.ª casa

LA CREATIVIDAD

REGIDA POR LEO

Descrita como la casa de la creatividad
y del juego, también comprende el
sexo y se asocia al instinto creativo y a
la libido en todas sus manifestaciones.
También incluye la especulación en
las finanzas y el amor, los juegos, la
diversión y el afecto: todo lo referente
al corazón.

6.ª casa

LA SALUD

REGIDA POR VIRGO

Esta casa tiene que ver con la salud,
la física y la mental, y lo sólidas que
son: tanto las nuestras como las de las
personas a las que queremos, cuidamos
o apoyamos, desde familiares hasta
compañeros de trabajo.

7.ª casa

LAS RELACIONES

REGIDA POR LIBRA

Esta casa, opuesta a la primera, refleja los objetivos
compartidos y las relaciones íntimas, tu elección de pareja y
lo exitosas que pueden ser las relaciones. También refleja las
asociaciones y los adversarios en tu mundo profesional.

8.ª casa

LA REGENERACIÓN Y LA MUERTE

REGIDA POR ESCORPIO

Entiende «muerte» como regeneración o transformación
espiritual: esta casa también representa los legados y lo
que heredas después de la muerte, tanto en rasgos de
personalidad como materialmente hablando. Y como la
regeneración necesita sexo, esta casa también es
la del sexo y las emociones sexuales.

9.ª casa

LOS VIAJES

REGIDA POR SAGITARIO

Esta es la casa de los viajes a larga distancia y de la exploración,
así como de la apertura de mente que el viaje puede traer
consigo y de cómo se expresa. También refleja la difusión
de ideas, que puede traducirse en esfuerzos literarios
o de publicación.

11.ª casa

LAS AMISTADES

REGIDA POR ACUARIO

La undécima casa representa
los grupos de amistades y de
conocidos, la visión y las ideas. No
trata de la gratificación inmediata,
sino de los sueños a largo plazo y
de cómo estos se pueden hacer
realidad si somos capaces de
trabajar en armonía con los demás.

12.ª casa

LOS SECRETOS

REGIDA POR PISCIS

Se la considera la casa más
espiritual y es también la del
inconsciente, los secretos y lo que
puede estar oculto; es el metafórico
esqueleto en el armario. También
refleja las maneras encubiertas
en que podemos sabotearnos a
nosotros mismos y bloquear nuestro
propio esfuerzo negándonos a
explorarlo.

10.ª casa

LAS ASPIRACIONES

REGIDA POR CAPRICORNIO

Representa nuestras aspiraciones y
nuestro estatus social, cuán arriba
(o no) deseamos estar socialmente,
nuestra vocación y nuestra imagen
pública y lo que nos gustaría
conseguir en la vida mediante
nuestro propio esfuerzo.

El ascendente

El ascendente es el signo del Zodíaco que aparece en el horizonte justo al alba del día en que nacemos y depende del lugar y de la hora de nacimiento. Por eso, cuando hablamos de astrología resulta útil conocer la hora de nacimiento, porque el ascendente ofrece mucha información acerca de los aspectos de tu personalidad que son más evidentes, de cómo te presentas y de cómo te perciben los demás. Por lo tanto, aunque tu signo solar sea Virgo, si tienes ascendente Cáncer es posible que se te perciba como a una persona con instinto maternal, con un compromiso significativo con la vida doméstica, en un sentido o en otro. Conocer tu ascendente (o el de otra persona) te puede ayudar a entender por qué da la impresión de que no hay una relación directa entre la personalidad y el signo solar.

Si sabes la hora y el lugar en que naciste, calcular el ascendente con una herramienta en línea o una aplicación es muy fácil (p. 108). Pregúntale a tu madre o a algún familiar o consulta tu partida de nacimiento. Si la carta astral fuera una esfera de reloj, el ascendente estaría en el 9.

El descendente

El descendente nos da una indicación de un posible compañero de vida, a partir de la idea de que los opuestos se atraen. Una vez conocido el ascendente, calcular el descendente es muy sencillo, porque siempre está a seis signos de distancia. Así, si tu ascendente es Virgo, tu descendente es Piscis. Si la carta astral fuera una esfera de reloj, el descendente estaría en el 3.

El medio cielo (MC)

La carta astral también indica la posición del medio cielo (del latín *medium coeli*), que refleja tu actitud hacia el trabajo, la carrera profesional y tu situación profesional. Si la carta astral fuera una esfera de reloj, el MC estaría en el 12.

El fondo de cielo (IC)

Para terminar, el fondo de cielo (o IC, por el latín *imum coeli*, que alude a la parte inferior del cielo), refleja tu actitud hacia el hogar y la familia y también tiene que ver con el final de tu vida. Tu IC está enfrente de tu MC. Por ejemplo, si tu MC es Acuario, tu IC será Leo. Si la carta astral fuera una esfera de reloj, el IC estaría en el 6.

El retorno de Saturno

Saturno es uno de los planetas más lentos y tarda unos 28 años en completar su órbita alrededor del Sol y regresar al lugar que ocupaba cuando naciste. Este regreso puede durar entre dos y tres años y es muy evidente en el periodo previo al trigésimo y el sexagésimo aniversarios, a los que acostumbramos a considerar cumpleaños importantes.

Como en ocasiones la energía de Saturno puede resultar muy exigente, no siempre son periodos fáciles en la vida. Saturno es un maestro sabio o un supervisor estricto y algunos consideran que el efecto de Saturno es «cruel para ser amable», al igual que los buenos maestros, y nos mantiene en el camino como un entrenador personal riguroso.

Cada uno experimenta el retorno de Saturno en función de sus circunstancias personales, pero es un buen momento para recapacitar, abandonar lo que ya no nos sirve y reconsiderar nuestras expectativas, al tiempo que asumimos con firmeza qué nos gustaría añadir a nuestra vida. Por lo tanto, si estás pasando, o a punto de pasar, por este evento vital, recíbelo con los brazos abiertos y aprovéchalo, porque lo que aprendas ahora (acerca de ti mismo, fundamentalmente) te será muy útil, por turbulento que pueda llegar a ser, y puede rendir dividendos en cómo gestionas tu vida durante los próximos 28 años.

La retrogradación de Mercurio

Incluso las personas a quienes la astrología no interesa demasiado se dan cuenta de cuándo Mercurio se encuentra retrógrado. Astrológicamente, la retrogradación es un periodo en el que los planetas están estacionarios pero, como nosotros seguimos avanzando, da la impresión de que retroceden. Antes y después de cada retrogradación hay un periodo de sombra en el que podríamos decir que Mercurio ralentiza o acelera su movimiento y que también puede ser turbulento. En términos generales, se aconseja no tomar ninguna decisión relativa a la comunicación durante una retrogradación y, si se acaba tomando, hay que tener en cuenta que es muy posible que no sea la definitiva.

Como Mercurio es el planeta de la comunicación, es fácil entender por qué preocupa su retrogradación y la relación de esta con los fracasos comunicativos (ya sean del tipo más tradicional, como cuando enviábamos una carta y se perdía, o la variedad más moderna, como cuando el ordenador se cuelga y nos causa problemas).

La retrogradación de Mercurio también puede afectar a los viajes, por ejemplo con retrasos en los vuelos o los trenes, atascos de tráfico o accidentes. Mercurio también influye en las comunicaciones personales –escuchar, hablar, ser escuchado (o no)– y puede provocar confusión y discusiones. También pude afectar a acuerdos más formales, como contratos de compraventa.

Estos periodos retrógrados ocurren tres o cuatro veces al año y duran unas tres semanas, con un periodo de sombra antes y después. En función de cuándo sucedan, coincidirán con un signo astrológico específico. Si, por ejemplo, ocurre entre el 25 de octubre y el 15 de noviembre, su efecto tendrá que ver con las características de Escorpio. Por otro lado, las personas cuyo signo solar sea Escorpio o que tengan a Escorpio en lugares importantes de su carta, experimentarán un efecto más intenso.

Es fácil encontrar las fechas de retrogradación de Mercurio en tablas astrológicas, o efemérides, y en línea: se pueden usar para evitar planificar en esas fechas eventos que se pudieran ver afectados. Para saber cómo la retrogradación de Mercurio te puede afectar más personalmente, necesitas conocer bien tu carta astral y entender las combinaciones más específicas de los signos y los planetas en la misma.

Si quieres superar con más tranquilidad una retrogradación de Mercurio, has de tener presente la probabilidad de que surjan problemas, así que, en lo posible, prevé que habrá algún retraso y comprueba los detalles un par de veces o tres. No pierdas la actitud positiva si algo que esperabas se pospone y entiende este periodo como una oportunidad para hacer una pausa, repasar y reconsiderar ideas tanto en tu vida personal como en la profesional. Aprovecha el tiempo para corregir errores o reajustar planes, para estar preparado cuando la energía se desbloquee y todo pueda fluir con más facilidad.

Agradecimientos

Quiero transmitir un agradecimiento especial a mi fiel equipo de Tauros. En primer lugar, a Kate Pollard, directora editorial, por su pasión por los libros maravillosos y por haber encargado esta colección. Y a Bex Fitzsimons, por su edición tan benévola como meticulosa. Y, finalmente, a Evi O. Studio, cuyo talento dibujando e ilustrando han producido estas pequeñas obras de arte. Con un equipo tan lleno de estrellas, estos libros no pueden más que brillar. Y os doy las gracias por eso.

Acerca de la autora

Stella Andromeda estudia astrología desde hace
más de treinta años y está convencida de la
utilidad de conocer las constelaciones celestes
y sus posibles interpretaciones psicológicas. La
traducción de sus estudios en libros ofrece una
visión moderna y accesible de la antigua sabiduría
de las estrellas, que transmite su firme convicción
de que la reflexión y el autoconocimiento
nos hacen más fuertes. Con su sol en Tauro,
ascendente Acuario y Luna en Cáncer, utiliza la
tierra, el aire y el agua para inspirar su
viaje astrológico personal.

La edición original de esta obra ha sido publicada en
el Reino Unido en 2019 por Hardie Grant Books, sello editorial
de Hardie Grant Publishing, con el título

Virgo: A Guide To Living Your Best Astrological Life

Traducción del inglés
Montserrat Asensio

Copyright © de la edición original, Hardie Grant Books, 2019
Copyright © del texto, Stella Andromeda, 2019
Copyright © de las ilustraciones, Evi O. Studio, 2019
Copyright © de la edición española, Cinco Tintas, S.L., 2020
Diagonal, 402 – 08037 Barcelona
www.cincotintas.com

Primera edición: *febrero de 2020*

Todos los derechos reservados. Bajo las sanciones establecidas
por las leyes, queda rigurosamente prohibida, sin la autorización
por escrito de los titulares del copyright, la reproducción total
o parcial de esta obra, por cualquier medio o procedimiento
mecánico o electrónico, actual o futuro, incluidas las fotocopias
y la difusión a través de internet. Queda asimismo prohibido el
desarrollo de obras derivadas por alteración, transformación y/o
desarrollo de la presente obra.

Impreso en China
Depósito legal: B 24042-2019
Código Thema: VXFAI

ISBN 978-84-16407-76-7